AF254109

LES PORTRAITS

DE M. LE COMTE DE PARIS

ET

LA LIBERTÉ DU COLPORTAGE

COMPTE-RENDU

du Procès intenté par M. Ernouf-Bignon
à M. le Préfet de la Seine-Inférieure,
à raison de la saisie des Portraits de
M. le Comte de Paris, à Eu et à Aumale.

ROUEN

IMPRIMERIE NOUVELLE PAUL LEPRÊTRE

75, rue de la Vicomté, 75

1889

Audiences des 30 Janvier et 26 Février 1889

LES PORTRAITS
DE M. LE COMTE DE PARIS

Saisies à Eu et à Aumale. — M. Ernouf-Bignon contre M. Hendlé, préfet de la Seine-Inférieure.

On sait que dans le courant du mois de novembre dernier, des colporteurs qui distribuaient aux habitants d'Aumale et de la ville d'Eu, des gravures ou images représentant le comte de Paris à cheval, furent arrêtés dans leur distribution par la gendarmerie ; un certain nombre d'exemplaires de ces portraits que les distributeurs avaient aux mains furent saisis et confisqués. Et cependant toutes les conditions prescrites par les lois sur l'imprimerie et sur le colportage avaient été scrupuleusement observées.

On était évidemment en présence d'une mesure exceptionnelle, prise en dehors des lois existantes ou connues jusqu'à ce jour.

C'est que la liberté des citoyens, et leur égalité devant la loi, sont chose fort relative, par le temps qui court. On commence à comprendre comment ces principes sont appliqués sous le régime actuel, où bien des gens et bien des choses sont mis hors la loi. Liberté d'association, liberté d'enseignement, liberté de conscience ; nous savons ce que cela signifie.

Aujourd'hui il ne s'agit que de la liberté du colportage.

Les portraits du comte de Paris appartenaient à M. le baron Ernouf-Bignon qui les faisait distribuer dans les endroits ci-dessus indiqués, où les princes d'Orléans sont si justement populaires.

M. Ernouf-Bignon protesta en vain contre cette atteinte à sa propriété et à ses droits de citoyen, et, finit par apprendre que cette violation à sa liberté, émanait du préfet de la Seine-Inférieure, qui avait donné des ordres pour cela, en vertu des instructions qu'il tenait de son chef hiérarchique, M. Floquet, ministre de l'intérieur. Sans doute, ces fonctionnaires avaient considéré comme séditieuse une simple image représentant M. le comte de Paris, alors qu'ils désiraient, surtout aux approches des périodes électorales, ne voir entrer sous la chaumière comme dans la mansarde, que les *chromos* représentant les traits empesés de M. Carnot, pour y remplacer définitivement les derniers portraits de l'austère Grévy.

Quoi qu'il en soit, M. Ernouf-Bignon et son agent M. Laboulle, demeurant au Vieux-Rouen, canton d'Aumale, assignèrent M. le préfet Hendlé, devant le tribunal civil de Rouen.

L'assignation résume ainsi les faits :

Le 10 novembre dernier, le sieur Laboulle, employé au service de M. Ernouf-Bignon, distribuait à Aumale des gravures représentant M. le comte de Paris à cheval saluant le drapeau tricolore, lorsque les gendarmes d'Aumale l'invitèrent à le suivre à la gendarmerie, où ils lui dressèrent procès-verbal, menaçant de l'arrêter s'il continuait cette distribution et saisissant d'ailleurs les cent trois exemplaires qu'il avait entre les mains.

Le 14 novembre, au marché de la ville d'Eu, les gendarmes et un agent de police faisaient les mêmes défenses, et saisissaient soixante-dix-sept gravures, malgré les protestations de Laboulle, qui affirmait son droit. Enfin, le 24 du même mois, quatre-vingt-sept autres exemplaires que Laboulle distribuait en même temps que le *Journal d'Amiens* furent également saisis.

Or, toutes les formalités prescrites par la loi en matière de colportage et de distribution d'imprimés avaient été remplies.

Les demandeurs considèrent donc les saisies comme nulles et de nul effet, et invoquent les dispositions de la loi du 29 juillet 1881 sur la liberté de la presse qui interdisent formellement toute saisie préventive d'écrits ou de gravures. Ils demandent, en conséquence, que M. le préfet soit tenu de leur restituer les 267 exemplaires saisis d'une façon arbitraire et illégale, sous une contrainte de 50 francs par chaque jour de retard.

La réponse du préfet à cette assignation, est-il besoin de le dire, est celle faite par tous les fonctionnaires qui ont été poursuivis devant les tribunaux, à raison de mesures odieuses ou vexatoires : un déclinatoire d'incompétence.

*
* *

Me Lucien de la Ferrière, député de l'Eure, ancien magistrat de la cour de Rouen, et avocat au barreau de cette ville, a prêté à la cause du demandeur l'appui de sa parole élégante et convaincue, et avec une science approfondie du droit, a soutenu le bien-fondé de l'action intentée par M. Ernouf-Bignon.

Après avoir relaté les conditions de la saisie, l'orateur cherche vainement quels motifs ont pu déterminer cette mesure de rigueur, dictée au préfet par M. le président du conseil. Celui-ci n'a donc plus le culte des images, et a conçu une antipathie tardive pour celles qui représentent les idées militaires. M. le président du conseil (1) aime à se contempler lui-même avec les costumes plus amples de nos anciens représentants, mais il faut féliciter nos populations de préférer les images militaires qui figurent l'idée d'autorité sans laquelle les meilleures libertés deviennent les pires licences.

Ces images ont-elles été saisies parce qu'après un douloureux exil, elles rappellent l'heure où ceux qui sont proscrits venaient lutter avec leurs frères d'armes, ou évoquent les souvenirs de la campagne d'Afrique et de l'Algérie conquise ?

Le costume militaire est celui de colonel dans l'armée territoriale, dont M. le comte de Paris avait le titre légal.

Est-ce qu'il va falloir bannir les images après avoir banni les princes, vider les

(1) M. Floquet.

musées, ou briser les statues sur les édifices ? Singulière conspiration que celle qui consiste à distribuer un portrait, sans un écrit, sans une phrase.

Me de la Ferrière se demande ensuite comment, en droit, une pareille violation de la liberté des citoyens pourrait être justifiée. Il étudie les principes généraux du droit en matière de séparation des pouvoirs. Si le pouvoir administratif doit conserver sa liberté d'action dans la sphère de ses attributions, c'est à la condition expresse de ne pas en sortir, et de ne pas empiéter sur le cercle des attributions judiciaires ; c'est ce qui résulte de la loi d'août 1790 et de la loi de Fructidor ; de plus, en 1870, l'abrogation de l'article 75 de la Constitution de l'an VIII sur l'irresponsabilité des fonctionnaires, a rendu plus indiscutable la réciprocité nécessaire entre l'indépendance des deux pouvoirs.

M. le préfet n'a pu agir en vertu de l'article 10 du code d'instruction criminelle, car, d'une part, il ne se trouvait pas en présence d'un délit ou d'une contravention, ou même d'une apparence de délit, et d'autre part, dans cette hypothèse, M. le préfet eut dû immédiatement après les saisies déférer les délinquants aux poursuites judiciaires.

Examinant ensuite la double thèse soulevée par le déclinatoire, à savoir que l'acte purement administratif d'une part, et l'acte de gouvernement, d'autre part, devraient échapper au contrôle de la justice, *Me de la Ferrière* se demande où sera alors la limite des pouvoirs de l'autorité administrative. Ce pouvoir sera-t-il sans limites, comme paraît le soutenir le déclinatoire ? L'autorité supérieure pourra-t-elle dire par exemple : Fusillez-moi ces gens-là ! et l'agent pourra-t-il impunément obéir ? Exagérée pour aujourd'hui, l'hypothèse peut être juste demain. Ce serait la thèse du despotisme le plus absolu et le plus abominable. Cette théorie est contredite par tous les jurisconsultes et toute la jurisprudence même administrative. En vertu de quelques instructions que ce soit qu'une autorité confisque une propriété, porte atteinte à un commerce licite, supprime un journal, ou, comme dans l'espèce, confisque une gravure, ce ne sera plus l'exercice légal de l'autorité administrative, mais un abus de pouvoir ; et dès lors qu'une violation de la propriété privée ou particulière existe, il n'y a que les tribunaux ordinaires auxquels on puisse avoir recours. *Me de la Ferrière* cite sur ce point les opinions de MM. Dareste et Laferrière, parmi les jurisconsultes, et de MM. Goblet, Dauphin et même de M. Floquet, parmi les hommes politiques. Est-ce que la vérité d'hier, dit-il, n'est plus celle d'aujourd'hui ? Il est remarquable en effet que le pouvoir ne se conserve souvent que par des doctrines ou des moyens contraires à ceux employés pour y parvenir.

La limite est dans la loi et la constitution. Et si l'agent supérieur ou subalterne, tout en obéissant à ses chefs, n'a pas agi en vertu de la loi, il doit être responsable. Ainsi le veut la sécurité des citoyens.

Sans doute, dans certains cas, le gou-

vernement peut exercer des actes excep-
tionnels que la constitution réserve au
pouvoir exécutif, sous le contrôle exclusif
des grands corps de l'Etat. Mais ces
actes ne peuvent être accomplis que dans
les cas prévus par les constitutions.

Me de la Ferrière cite encore sur ce
point la doctrine des auteurs les plus
estimés en matière administrative. Il en
résulte que les actes de gouvernement
proprements dits, tels que déclarations
de guerre, traités internationaux etc...
ne peuvent donner lieu à recours contre
les agents de l'autorité, SAUF LE DROIT
DONT LES TRIBUNAUX NE PEUVENT ÊTRE
DÉPOUILLÉS DE GARANTIR L'ÉTAT CIVIL,
LA LIBERTÉ ET LA PROPRIÉTÉ DES SIM-
PLES CITOYENS CONTRE TOUTES VOIES DE
FAIT QUI NE RENTRENT PAS DANS L'EXER-
CICE DES POUVOIRS CONSTITUTIONNELS.

Avez-vous une loi ? Si oui. On doit
s'incliner. Sinon, le pouvoir judiciaire
doit entendre nos réclamations. Or il
n'existe pas de loi qui puisse interdire
l'acte accompli par M. Ernouf-Bignon et
ses colporteurs.

Me de la Ferrière rappelle à ce sujet un incident législatif : un des congénères politiques de M. le président du conseil, M. Félix Pyat, interpellait celui-ci et soutenait que la loi funeste sur l'exil des princes interdisait le territoire français non seulement à la personne des princes, mais même à l'action politique de ceux-ci. Il fut reconnu par M. Floquet lui-même, que le texte de la loi ne disait pas cela. C'est le manteau troué de la dictature, dit M. Paul de Cassagnac ; à quoi répondit spirituellement M. le président du conseil : nous y ferons des reprises. En attendant que les trous soient bouchés, il est impossible de s'en servir pour couvrir les illégalités commises par l'administration.

Me de la Ferrière invoque ensuite divers précédents judiciaires, entre autres le suivant :

En 1863, dit-il, un prince en qui le capitaine victorieux était rehaussé d'un artiste et d'un écrivain, qui a répondu au bannissement et à l'exil par un acte de générosité princière, par le don d'un des plus beaux fleurons de sa couronne ducale, a publié une histoire des princes de Condé. Les feuilles furent saisies chez l'éditeur. M. le duc d'Aumale et son éditeur virent repousser leurs réclamations devant toutes les juridictions par le motif qu'alors l'article 75 de la constitution de l'an VIII empêchait d'atteindre les fonctionnaires ; cet article étant aujourd'hui abrogé, la solution doit être différente.

Au cours de sa discussion, *Me de la Ferrière* examine divers documents judiciaires auxquels ont donné naissance des poursuites analogues. C'est d'abord un jugement du tribunal d'Orléans qui admet un déclinatoire dans des conditions telles que M. le procureur de la République dit qu'il en repousse la doctrine.

Autre a été la décision du tribunal de la Seine, qui s'est déclaré compétent à à propos de la revendication du manifeste du comte de Paris, saisi chez M. Dufeuille. Autre aussi a été l'attitude courageuse des magistrats de Chambéry, à propos de la saisie des lettres de M. le comte de Paris, adressées aux maires, et jetées à la poste sous enveloppes fermées. On sait que le gouvernement n'avait pas craint à ce sujet de violer le secret des lettres confiées au monopole de l'administration des postes.

A propos de cette odieuse mesure, *Me de la Ferrière* donne lecture de la lettre de Carnot le grand, deux fois ministre de l'empire qui, en 1815, écrivait sur le secret des lettres la circulaire suivante :

« Je suis informé, monsieur le préfet,
« que dans plusieurs parties de l'Empire
« le secret des correspondances a été
« violé par des agents de l'administra-
« tion. Qui peut avoir autorisé de pa-
« reilles mesures ? Leurs auteurs diront-
« ils qu'ils ont voulu servir le gouverne-
« ment et chercher sa pensée ? Porter de
« pareils procédés dans l'administration,
« ce n'est point SERVIR L'EMPEREUR, c'est
« calomnier Sa Majesté. ELLE ne de-
« mande point, ELLE rejette les hommages
« d'un dévouement désavoué par les
« lois.

« Or les lois ne se sont-elles pas ac-
« cordé depuis 1789 à prononcer que le

« secret des lettres est inviolable ? *Tous*
« *nos malheurs, aux diverses époques*
« *de la Révolution, sont venus de la*
« *violation des principes, il est temps*
« *d'y rentrer*. Vous voudrez donc bien,
« monsieur le préfet, faire poursuivre,
« d'après la rigueur des lois, ces infrac-
« tions d'un des droits les plus sacrés de
« l'homme en société. La pensée d'un
« citoyen français doit être libre comme
« sa personne même.

    « Agréez. etc... »

              « Signé : Carnot. »

Vous avez deux voies à suivre, dit
*M*ᵉ *de la Ferrière*, en terminant son élo-
quente et remarquable plaidoirie, ou
admettre la thèse gouvernementale qui
consiste à dire : Fermez vos codes, laissez
passer la justice du pouvoir. C'est la thèse
de l'omnipotence administrative, du bon
plaisir. C'est le rétablissement des lettres
de cachet, de la Bastille, de tant de choses
contre lesquelles il n'était pas nécessaire
vraiment de tant s'insurger.

Au contraire, vous pouvez dire : les

magistrats n'ont pas à donner de leçon au pouvoir, mais ils ont juré de faire respecter les lois ; ils veulent que celles-ci soient respectées et appliquées. Un orateur du parti au pouvoir a dit un jour : La République doit être au-dessus de tout, même de la liberté. Vous devez dire plus justement : La loi est au-dessus de tout, et du gouvernement lui-même.

M. le procureur de la République, *Demartial*, a donné ensuite ses conclusions. Il pose la question en droit et veut l'examiner sous toutes ses faces ; il n'admet pas que l'acte administratif échappe à la justice ordinaire, lorsque cet acte viole les droits acquis aux citoyens en vertu des lois, règlements ou contrats. Mais il croit que l'acte gouvernemental ne peut être apprécié par le pouvoir judiciaire lorsqu'il a sa base dans une disposition légale ou constitutionnelle, alors même que le juge penserait que cet acte est rendu à tort et injuste au fond. Dans ce cas la juridiction administrative seule doit en connaître.

M. le procureur de la République reprend après Me de la Ferrière l'examen des précédents de jurisprudence. Au sujet de la saisie de l'histoire des princes de Condé, sous l'Empire, il dit qu'alors, on se rappelait le duc d'Aumale exilé — le duc d'Aumale dont on a parlé avec déférence, et on avait raison — à cause surtout de la lettre si digne et si noble qu'il avait écrite aux Chambres ; mais, le comte de Paris ne paraît pas avoir conservé aujourd'hui les souvenirs qui honoraient alors sa famille. Il était difficile de voir dans l'histoire des princes de Condé un acte de prétendant, et néanmoins la saisie en fut opérée, et pendant cinq ans la théorie de l'acte gouvernemental triompha à ce sujet devant toutes les juridictions.

La mesure incriminée est une question de propriété ou un acte de gouvernement. Dans le premier cas seulement les tribunaux sont compétents. Or, la question de fait est dominante, quelles que puissent être les obscurités du droit.

Si l'histoire des princes de Condé pouvait être considérée à juste titre comme une œuvre d'érudit, le portrait du comte de Paris dans l'espèce, ne peut passer pour une œuvre d'art : c'est seulement l'œuvre d'un prétendant contre lequel un gouvernement doit être armé sous peine de ne plus être un gouvernement.

La liberté individuelle peut sans doute subir des atteintes lorsque le gouvernement agit pour sa protection dans la limite des pouvoirs qui lui sont conférés. La liberté individuelle recevait une atteinte complète en la personne du prince Napoléon lorsque celui-ci était reconduit à la frontière. Y a-t-il eu une atteinte plus radicale, plus absolue aux droits de la propriété que celle qui a résulté de la dispersion des congrégations ? Et néanmoins dans ces espèces qu'on pourrait multiplier à l'infini, la jurisprudence du conseil d'Etat a dit qu'il s'agissait de mesures administratives dont il était impossible aux tribunaux judiciaires de connaître.

Pour apprécier l'affaire actuelle, il faut remonter à la loi dite d'exil que le gouvernement crut devoir proposer aux Chambres en 1886. Sans doute les princes n'avaient commis aucun attentat, trempé dans aucun complot; mais à côté de ces crimes qu'on se garde bien de commettre, il y a une série de menées compromettant la paix publique ; une série d'organisations sous le nom de comités électoraux, de syndicats agricoles; et à la suite d'une fête de famille paraissant annoncer aux puissances étrangères les espérances des prétendants, le gouvernement proposa la loi.

L'exposé des motifs mit en avant l'intérêt du pays et la paix dont on avait besoin; et dans une magnifique harangue rappelant la grande voix des orateurs de la Convention, M. Madier de Montjau disant qu'il fallait être vigilant à l'excès, montrait aux législateurs une image représentant le comte de Paris à cheval, celle même qui fait l'objet de la saisie actuelle.

La loi est votée, les princes sont exilés, et pendant une année les menées ne paraissent pas recommencer, au moins d'une façon bruyante. Puis, au commencement de cette année, le comte de Paris, se pose absolument en prétendant, et rien qu'en prétendant, quand il s'adresse aux maires, avec une singulière audace. Si le gouvernement avait laissé la voie publique, les murs et même la poste proclamer ou répandre librement ce manifeste, il aurait gravement manqué à son devoir, au droit de surveillance qu'il a sur la voie voie publique et à la Constitution dont il a la garde.

La distribution des gravures de l'Imprimerie *dite* nationale représentant le comte de Paris, à cheval, saluant le drapeau tricolore, est un moyen de propagande efficace et propre à frapper l'imagination du plus grand nombre. C'est la continuation de la campagne entreprise par ce prétendant.

Le gouvernement a pris alors une mesure générale, et le ministre a écrit aux préfets afin de faire saisir les divers portraits représentant le général Boulanger, le prince Victor, le comte de

Paris, tous en militaires, tous en képi. Si M. le comte de Paris a été colonel de l'armée, je ne crois pas qu'il ait encore son grade. Cependant on lui garde le costume, peut-être parce que le prince Victor a aussi le sien et de même le général Boulanger.

M. le préfet de la Seine-Inférieure n'a fait que transmettre et exécuter scrupuleusement et totalement les prescriptions qui lui ont été adressées. Il n'y a pas là un acte pouvant engager sa responsabilité. Si vous vous déclarez compétents, il faut que vous considériez comme nulles et inexistantes, les instructions données en vertu de la loi de 1886, et dont elles ne sont que la continuation. On peut discuter l'acte gouvernemental comme illicite ou annulable pour excès de pouvoir, mais on ne peut dire que cet acte soit inexistant en droit et ne trouve pas sa base dans un document administratif ou législatif.

S'il en est ainsi, le pouvoir judiciaire ne peut passer outre.

Nous avons, nous aussi, dit en terminant M. le procureur de la République, le souci de sauvegarder les droits des particuliers; mais avec la doctrine de nos adversaires, ce malheureux régime constitutionnel qu'on s'efforce de défendre ne serait plus qu'un mot.

Après ces débats, que nous nous sommes efforcés de résumer de la façon la moins incomplète, le tribunal a remis à une audience ultérieure le prononcé de son jugement.

*
* *

Après un délibéré de quatre semaines prouvant que l'affaire méritait d'être examinée avec soin, le tribunal a rendu son jugement à l'audience du 26 février 1889, et accueilli le déclinatoire d'incompétence.

D'ailleurs, depuis les débats, des notes après plaidoiries furent échangées entre les parties en cause.

*
* *

M. le procureur de la République, sans renoncer néanmoins aux moyens multiples par lui proposés à l'appui du déclinatoire de M. le préfet, a cru devoir produire « par surcroît de démonstration », un nouvel argument consistant à dire que M. le préfet avait agi en vertu d'ordres donnés par son supérieur hiérarchique, qu'il ne les avait en rien dépassés, et qu'il ne pouvait ni les discuter ni les éluder ; que, dès lors, le ministre se trouvait mis implicitement en cause, sans y être partie, et que proclamer que celui-ci aurait agi sans droit, serait violer le principe de la séparation des pouvoirs.

*
* *

Dans une note en réponse, *Me de la Ferrière*, avocat de M. Ernouf-Bignon, a dit que ce nouveau moyen trahissait l'embarras de l'organe du ministère public, qui, au milieu de plusieurs systèmes, laisse au tribunal le soin de dégager l'inconnue renfermée dans ce problème juridique.

C'est l'irresponsabilité du fonctionnaire administratif érigée en principe, l'abdication des pouvoirs judiciaires, la violation des droits les plus sacrés dont le juge a la garde, que consacre la thèse nouvelle. Ce serait aussi ravaler le représentant de l'autorité administrative à un niveau désobligeant pour sa dignité, en faire un instrument passif, un agent d'exécution, une machine aveugle et inconsciente.

Il n'aurait plus besoin de connaître la loi que nul, même dans la masse ignorante, n'est censé ignorer. Ce résultat est inadmissible ; c'est affaire entre la conscience du fonctionnaire d'opter entre le respect de la loi ou l'exécution des ordres qui l'enfreignent. Toute violation de la loi devient son fait personnel, et il en doit répondre. Le préfet élève le déclinatoire, mais M. Hendlé est responsable de la violation de la loi devant les tribunaux, et s'il se réclame de l'autorité qui le couvre, il met virtuellement en cause son supérieur hiérarchique. Ce qui est opposable à l'un est opposable à l'autre.

La théorie de la note de M. le procureur de la République, pleine de périls, arriverait à reconnaître au gouvernement le droit de disposer à son seul gré des biens et de la liberté des citoyens. Ce serait, en fait, consacrer la maxime brutale « La force prime le droit. »

Après cet échange de notes, le tribunal a rendu la décision dont le texte suit :

Jugement

« Attendu que l'atteinte qui a été portée à la propriété d'Ernouf-Bignon et Laboulle résulte de l'exécution de mesures générales d'ordre politique prises par le gouvernement ;

« Attendu que l'appréciation des actes politiques ou de gouvernement, alors même qu'ils auraient pour conséquence un dommage causé à la propriété des citoyens, échappe à l'examen des tribunaux de droit commun, quand ces actes trouvent leur base dans la Constitution ou dans la loi ;

« Attendu que le droit du gouvernement de veiller à la défense des institutions dont la garde lui est confiée a son principe dans les lois constitutionnelles ;

« Attendu que la loi politique de 1886 concernant les membres des familles ayant régné sur la France est une application de ce principe ;

« Attendu que le gouvernement entend trouver dans cette loi la base du droit dont il a usé envers les demandeurs ;

« Qu'il a toujours affirmé que l'article 1 de la loi de 1886 a fermé l'accès du territoire non seulement à la personne, **mais encore à l'action politique des prétendants ;...**

« Qu'il n'a cessé de soutenir que l'article 4 de la même loi, qui ne permet pas aux personnes qui en sont l'objet de faire partie de l'armée, lui donnait le pouvoir légal, **par dérogation à la loi du 29 juillet 1881, d'empêcher le colportage** de ces images politiques où les prétendants, revêtus d'uniformes dont le port leur est interdit, sont représentés recevant de troupes sous les armes des honneurs souverains ;

« Attendu qu'à l'appui de cette thèse il a rappelé que des faits de colportage de ces mêmes images ont été visés dans la discussion qui s'est terminée par le vote de la loi de 1886 ; qu'il a ajouté que ce colportage est inconciliable avec l'esprit de cette loi ;

« Attendu **qu'il est possible que le gouvernement se soit mépris** sur l'étendue de ces droits, qu'il ait commis dans leur exercice **des illégalités ou des excès de pouvoir ;**

« Qu'il n'en est pas moins certain que les actes qui ont lésé dans une mesure bien légère d'ailleurs les intérêts d'Ernouf-Bignon et de Laboulle ont été exécutés en vertu des dispositions légales **bien ou mal interprétées ;**

« Attendu qu'il y a, en effet, entre l'interprétation du gouvernement et la lettre même de la loi une corrélation étroite et évidente ;

« Qu'on ne peut donc contester la base légale de ses actes ;

« Attendu que, par suite, il ne peuvent constituer l'usurpation de pouvoirs, qui, seule en présence des actes du gouvernement ou de l'administration, laisse subsister la compétence de l'autorité judiciaire.

« Par ces motifs...

« Faisant droit sur le déclinatoire de M. le préfet de la Seine-Inférieure, se déclare incompétent ; condamne Ernouf-Bignon et Laboulle conjointement aux dépens. »

On voit que le tribunal n'a pas suivi, même à titre subsidiaire, la voie dans laquelle la dernière note du ministère public l'engageait à entrer.

Le jugement admet le déclinatoire, grâce à une extension singulière donnée à la loi d'exil de 1886 par le préfet et le ministre pour couvrir leurs actes.

Mais on remarquera que le tribunal évite avec grand soin d'adopter cette interprétation, puisqu'il paraît considérer, à titre d'hypothèse, que la mesure gouvernementale a pu être ILLÉGALE, *constituer une* MÉPRISE OU UN EXCÈS DE POUVOIR.

Nous n'entendons pas, en ce qui nous concerne, apprécier la décision du tribunal, mais nous dirons ce que nous pensons de l'interprétation donnée à la loi de 1886 par le préfet et le ministre.

Ces messieurs, qui ont été avocats, savent qu'il est un principe de droit indiscutable en toute matière : c'est que les lois d'*Exception* doivent être entendues dans leur sens *strict et étroit*.

Or, faire dire à la loi exilant les princes qu'elle ferme le territoire à *leur action politique;* faire dire à la loi qui les prive de leur grade que *leurs portraits en costume militaire* ne pourront être colportés, malgré la liberté du colportage résultant de la loi sur la presse, nous paraît une énormité juridique.

A ce compte, et avec non moins d'équité,

toute la presse d'opposition qui soutient l'action politique des prétendants, pourrait être bâillonnée *par dérogation* à la loi de 1881 sur la liberté de la presse.

C'est ainsi que des ministres et des préfets, qui se disent libéraux, pratiquent la légalité, et torturent les lois faites par leurs amis, mais dont ils ne peuvent supporter la loyale application dès qu'elle profite à leurs adversaires.

Il reste, il est vrai, aux intéressés victimes d'ILLÉGALITÉS ou d'EXCÈS DE POUVOIR, la ressource de recourir à l'interprétation de la justice administrative. On sait ce que cela veut dire.

R. DESBUISSONS,

AVOCAT.

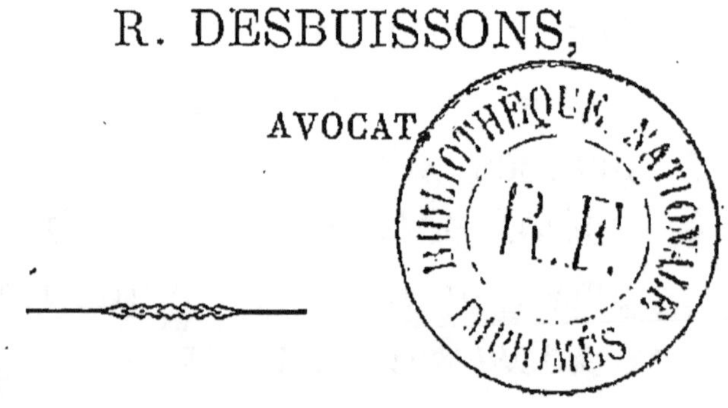

ROUEN. — IMPRIMERIE PAUL LEPRÊTRE